FERAL Y LAS CIGÜEÑAS

FERAL Y LAS CIGÜEÑAS

FERNANDO ALONSO

Ilustraciones
Emilio Urberuaga

Nueva edición revisada por el autor

Consulta el
MATERIAL DIDÁCTICO
de esta edición en
www.planetalector.com

Editado por Editorial Planeta, S. A.

© del texto, Fernando Alonso
© de las ilustraciones, Emilio Urberuaga
© Editorial Noguer, S. A., 1980
   Avda. Diagonal, 662-664, 08034 Barcelona

Diseño de colección: Mot Studio
Diseño de cubierta: Arjen Mol

Primera edición en esta colección: mayo 2010
ISBN: 978-84-08-08879-0
Fotocomposición: Pacmer, S. A.
Depósito legal: M. 10.423-2010
Impreso por Brosmac
Impreso en España – Printed in Spain

No se permite la reproducción total o parcial de este libro, ni su incorporación a un sistema informático, ni su transmisión en cualquier forma o por cualquier medio, sea éste electrónico, mecánico, por fotocopia, por grabación u otros métodos, sin el permiso previo y por escrito del editor. La infracción de los derechos mencionados puede ser constitutiva de delito contra la propiedad intelectual (Art. 270 y siguientes del Código Penal)

FICHA BIBLIOGRÁFICA

ALONSO, Fernando
Feral y las cigüeñas, Fernando Alonso ; ilustraciones de Emilio Urberuaga – 1ª ed. – Barcelona: Planetalector, 2010
Encuadernación: rústica ; 136 págs. ; il. b/n ; 13 × 19,5 cm –
(Cometa. A partir de 10 años)
ISBN: 978-84-08-08879-0
087.5: Literatura infantil y juvenil
821.134.2-3: Literatura española
Tratamiento: aventura. Tema: sentimientos

Para Cita

FIESTA EN VILLALCAMINO

Villalcamino era un pueblo pequeño.

Tenía una treintena de casas, apelotonadas como si hubieran encogido después de fuertes lluvias; unas más elevadas y otras más hundidas; unas más torcidas y otras más derechas.

Y allá arriba, en la cima de un cerrillo, la iglesia.

—Parece un pastor cuidando el rebaño. Sus ovejas, las casas —decía Colás, pastor de cabras y poeta por vocación.

En Villalcamino estaban de fiesta, porque había nacido un niño. Eran tan pocos los habitantes del pueblo que, cada vez que nacía alguien, se organizaba una fiesta a la que todos estaban invitados.

El padre de la nueva criatura lanzó cinco cohetes para anunciarlo.

¡Cinco cohetes!

Uno por cada letra de su nombre.

Porque el niño se llamaría Feral.

Y era muy oportuno anunciarlo con cohetes. La discusión que había precedido a la elección del nombre, también había sido muy ruidosa.

En cuanto se oyó en la casa el llanto de la criatura, se originó una terrible discusión.

—El niño se llamará Filoso. Como yo —propuso uno de sus abuelos.

—Se llamará como yo, Eutropio —exclamó el otro abuelo.

—¡Pobrecito mío, cargar toda la vida con esos nombres tan horribles! —dijo su padre—. Para que no haya discusiones, se llamará Relogio. Igual que yo.

En vista de que no llegaban a ningún acuerdo, terciaron en la contienda sus dos tíos, Abulio y Liberato.

Según las costumbres del pueblo, también ellos tenían derecho a pedir que el recién nacido llevara su nombre.

Esto complicó tanto las cosas que parecía imposible prever un final.

Entonces, la madre propuso una solución:

—El niño puede llevar el nombre de todos.

—¡Ni hablar! ¡Sería demasiado largo...! —protestó el padre.

—Yo no digo que le pongamos cinco nombres. Podemos formar uno nuevo, tomando la primera letra de los vuestros.

—Va a salir un nombre horrible...

—Seguro que saldrá ganando. Por muy feo que resulte... siempre será mejor que cualquiera de los vuestros.

Se sentaron a la mesa y cada uno escribió su nombre en un papel:

Filoso EUTROPIO

Relogio

Abulio Liberato

FERAL

Luego, cortaron la primera letra de cada nombre y metieron los papelitos en una boina; agitaron bien y los echaron sobre la mesa. Todos se agolparon para leer el nombre que había salido:

—Ya está decidido. ¡El niño se llamará FERAL!

—¡Qué nombre tan bonito! —exclamó la madre— ¡Feral será general!

Entonces intervino la abuela:

—¡Feral será mariscal! —y sus ojos se iluminaron con el brillo de las charreteras.

También el padre se animó a hacer una predicción sobre el futuro de su hijo.

Pero, como tenía un sentido más práctico de la vida, concluyó:

—Feral será concejal.

¿QUÉ SERÁ DE FERAL?

Feral era tan niño que aún no sabía hablar, ni caminar.

Sin embargo, todos lo veían ya con uniformes llenos de entorchados; sables que multiplicaban por mil los reflejos del sol; o detrás de una imponente mesa de caoba firmando, muy serio, montañas de papeles importantes.

Rodeado de estos pensamientos y de estos sueños, Feral fue creciendo.

Feral aprendió a caminar.

Feral comenzó a hablar.

En cuanto vieron que el niño se daba cuenta de las cosas, la madre y la abuela aprovechaban cualquier ocasión para mostrarle fotografías y grabados en los que se veía a generales y mariscales, vestidos con todas sus galas y con todas sus plumas.

Pero Feral no parecía interesarse, ni por ellos ni por las plumas que adornaban sus sombreros.

El padre le mostró el retrato de un concejal publicado en un periódico. Pero el niño ni siquiera lo miró.

No mostró el más mínimo interés por la figura abotagada del concejal, ni por la imponente mesa de caoba a la que estaba sentado.

Aquellos primeros datos sólo eran botones de muestra que, enseguida, fueron completados por otros muchos.

Por ejemplo: a Feral no le gustaba *jugar a espadas*.

Cuando un rayo de sol hería el filo de un cuchillo, al niño le subía un escalofrío de los pies a la cabeza.

Y cada vez que veía sangre, se mareaba…

—¿Os dais cuenta? —decía el padre—. ¡Este

niño no puede ser militar! Se ve que tiene aversión hacia las armas.

»¡Feral será concejal! —terminaba diciendo.

Porque no acababa de olvidar los sueños sobre el futuro de su hijo.

Al niño, en cambio, le aterraba la idea de trabajar encerrado en una oficina.

A Feral le gustaba el bosque; jugar entre los árboles, perderse entre las flores…

Le gustaba pasear durante el verano en medio del aroma embriagador de los trigales; en otoño, respirar el olor acre de las hojas que quemaban en los linderos; en invierno, dibujar sus huellas sobre la nieve; y en primavera, admirar la alegría de las flores.

Estas disposiciones naturales del niño pronto fueron observadas y reconocidas por sus padres.

Por eso, pensaron que se habían apresurado al predecir el futuro del niño.

Y ahora se preguntaban:

—¿Qué sería de Feral?

—¿Qué sería del importante destino de Feral, si no servía para general, ni para mariscal, ni para concejal…?

LA ENFERMEDAD DEL RÍO

Feral comenzó a entusiasmarse por los caminos, cuando descubrió que éstos no tenían fin.

¡Nadie había descubierto dónde comenzaban ni dónde terminaban!

Feral sabía ya que *todos los caminos llevan a Roma*.

Pero también sabía que no terminaban en Roma; sino que seguían, mucho más allá, hasta morderse la cola al otro lado del mundo.

Por eso decidió, desde muy temprano, que su vida sería una historia de largos caminos de polvo blanco, de polvo rojizo y de polvo gris, en donde los pies dejaban una huella clara y nítida; de campos de hierba verde y húmeda, de hierba seca y cálida.

Una historia a lo largo de campos y caminos por los que se podía andar descalzo; por los que se debía andar descalzo.

Feral tenía el pelo alborotado, los ojos verdes y un pantalón azul con tirantes que se cruzaban en su espalda.

El niño no sabía escribir y, por eso, no podía poner su nombre en los cuadernos y en los libros. Pero tenía unos pies que dejaban marcas sobre el polvo blanco de los senderos.

Y, cuando corría por la hierba, iba dibujando huellas blancas de polvo.

A Feral le gustaba firmar con sus pies todos los caminos y todos los campos…

Si hubiera sabido escribir, quizá no se habría dedicado a recorrer campos y caminos.

Sentado a la mesa, habría llenado páginas y más páginas con las cinco letras de su nombre, combinadas de las maneras más caprichosas y extrañas:

Habría escrito: *árbol, lindero, empalizada, no-*

ria… y otras muchas palabras que a él tanto le gustaba pronunciar.

Pero… como aún no sabía escribir, corría por el campo, se paraba junto al bosque y gritaba:

—¡¡Árbol!!

Y cuando un rumor de hojas le contestaba, seguía adelante.

Si no, se sentaba sobre una piedra y gritaba:

—¡Árbol! ¡Árbol! —hasta enronquecer.

O hasta que un susurro de hojas parecía enviarle una respuesta.

Por esta razón, el niño comenzó a recorrer los campos.

Por eso, sentía la necesidad de recorrer los caminos.

Por eso, le entró en las venas la extraña enfermedad del río, que le hace correr sin detenerse por el solo placer de correr.

La inquietud del saltamontes, que siempre intenta batir su propio récord de salto.

Y la constancia del viento, que sacude sin cesar las hojas de los árboles.

Por estas y otras muchas razones, Feral andaba todos los días por caminos blancos y rojizos; por caminos grises...

Le gustaban, de manera muy especial, los caminos cubiertos de polvo. Caminaba por uno de los lados donde el polvo era blando y suave; y su huella quedaba bien dibujada.

De vez en cuando se detenía.

Volvía la cabeza, miraba hacia lo andado, y una sonrisa le iluminaba el rostro.

—¡Esas pisadas son mías! ¡Las he hecho yo! —decía en voz alta.

Y le entraban deseos de volver para mirarlas y admirarlas mejor. Pero el miedo a borrar una obra tan perfecta lo impulsaba a seguir adelante.

A la hora del regreso, volvía atravesando campos de hierba.

En el pueblo se había comentado mucho

aquella afición del niño. Uno de los días, dijo Colás, el pastor poeta:

—Feral no será general, ni mariscal, ni concejal. Al paso que lleva, vagabundo profesional.

Al padre de Feral no le hacían gracia aquellas bromas; porque, en el fondo, seguía soñando que su hijo realizaría grandes hazañas.

Pero Colás insistía:

—Siendo vagabundo, también se pueden hacer grandes hazañas; ¿o es que te has creído que sólo la gente importante puede hacerlas?

EN LA ESCUELA

Cuando le llegó su momento, Feral fue a la escuela.

Feral destacó pronto en Ciencias Naturales y en Geografía; lo demás no le interesaba.

Pasaba casi todo el tiempo estudiando la vida de los animales raros; a los otros ya los conocía antes de ir a la escuela.

Después, abría el libro de Geografía.

En él estaban dibujados todos los caminos del mundo y Feral los recorría con el dedo, soñando con poder recorrerlos de verdad algún día.

—Cuando sea mayor, iré por todos los caminos del mundo… —dijo Feral.

—Me parece muy bien —exclamó el maestro—. Pero ahora te estaba preguntando cuántas son tres por ocho.

Feral se sentaba en silencio porque no sabía responder.

—¡Si estudiaras todas las cosas con la misma atención que pones en las ciencias y la geografía…!

—Es que eso puedo necesitarlo cuando me vaya por los caminos…

A partir de aquel momento, el maestro comenzó a buscar argumentos que pudieran convencer a Feral:

—Cuando vayas por los caminos y preguntes la distancia que hay de un pueblo a otro, a lo mejor te contestan: «Desde Morasblancas hasta Riotuerto hay tres kilómetros… Pues, desde aquí al pueblo que dices, hay ocho veces más». En ese caso, vas a necesitar saber cuántas son tres por ocho.

A Feral le pareció extraño que pudiera encontrarse con alguien así. Pero el maestro añadió:

—Por los caminos se encuentra uno a las gentes más raras del mundo. Tienes que estar preparado para todo.

Aquel argumento convenció a Feral y, en previsión de las personas raras con quienes pudiera toparse, se dedicó al estudio de las matemáticas y de las otras materias.

Un griterío ensordecedor anunciaba al pueblo que los niños salían de la escuela. Arrastrando libros, arrastrando carteras, arrastrando polvo, corrían hacia las eras para comenzar sus juegos.

Unas veces, Feral iba con sus compañeros.

Otras, se marchaba camino adelante a explorar nuevos horizontes.

Feral oía a lo lejos a sus amigos que, jugando a pídola, se dirigían de las eras a los prados:

A la una andaba la mula,
a las dos tiró la coz,
a las tres, los tres saltitos

de San Andrés:
Pedro, Juan y Andrés,
a las cuatro brinco y salto…

Feral veía recortarse en el horizonte sus figuras, que se agachaban y enderezaban como muñecos de un teatrillo de títeres.

El niño, con las manos en los bolsillos, marchaba a estudiar el lenguaje del camino, que hablaba con lengua de polvo; el de las flores, que hablaban lenguas de colores; el de las ardillas, que era juguetón y vivaracho como ellas mismas…

De esta forma aprendió aquellos idiomas y, de esta forma, Feral nunca llegó a conocer la soledad del campo.

En él encontraba cientos, miles, de pequeños amigos.

Lo conocían los árboles y los pájaros.

Era amigo de los pastores, de las ovejas y de los perros.

Y las flores se inclinaban a su paso en un saludo colorido que significaba:

—¡Hola, Feral!

—¡Buenos días, Feral!

—¡Dios te guarde de mal, Feral!

POR SAN BLAS, LAS CIGÜEÑAS VERÁS

Villalcamino era un pueblo sencillo en el que nunca pasaba nada y donde la vida transcurría en una apacible monotonía.

Por esta razón, cualquier hecho, aun el más insignificante, cobraba unas dimensiones colosales.

Y se convertía en el centro de los comentarios de muchos días: la llegada de un caminante; uno de los dichos de Colás y, sobre todo, cualquier noticia sobre Feral, cuya facilidad para hablar con el río, los árboles y los animales, todos ellos conocían.

Villalcamino tenía una plaza.

Villalcamino tenía una fuente, un río y… una cigüeña.

Sí. Villalcamino tenía una cigüeña que, año tras año, llegaba para anunciar la primavera.

Durante muchísimos años las cigüeñas habían sobrevolado Villalcamino el tiempo justo para que los viejos, señalándolas con el dedo, dijeran con voz sentenciosa:

> —*Por San Blas,*
> *las cigüeñas verás,*
> *y si no las vieres,*
> *mal año tendrás.*

Pero nunca, comentaban los más ancianos, se detuvieron en el pueblo.

Un año, de esto hacía ya algún tiempo, una cigüeña dio varias vueltas sobre las casas y se detuvo en casi todos los tejados.

Pero no encontró ninguno de su agrado y se fue de un vuelo hasta el río para descansar un poco a la pata coja y pescar algunas ranas.

Las gentes del pueblo se reunieron a discutir lo que podían hacer para que la cigüeña se quedase.

Fue una reunión muy rápida; porque no les sobraba tiempo.

—Yo he oído que las cigüeñas traen buena suerte a la casa en donde construyen su nido —dijo uno.

—¿Y qué podemos hacer para que se quede en el pueblo? —preguntó el alcalde.

—Yo he leído —dijo el padre de Feral— que en algunos sitios colocan una rueda de carro en el tejado para que la cigüeña construya su nido sobre ella.

—¿Y en qué tejado vamos a ponerla?

Entonces habló don Onofre, el cura párroco.

—Como sólo tenemos una cigüeña, sólo podemos contar con un nido. Así que… Debemos repartir la buena suerte entre todos.

—¿Y cómo se reparte un nido entre todo el pueblo?

—Lo colocaremos en una de las dos *casas de todos* que tenemos: el ayuntamiento y la iglesia.

—¡Tiene razón don Onofre! —exclamó el alcalde—. Pondremos la rueda de carro sobre el ayuntamiento.

—No —dijo Colás—, ¡mejor sobre la torre de la iglesia! Como está en un alto, todos podremos ver el nido desde nuestras casas.

—¡Bien pensado, Colas! —aplaudió don Onofre.

—Pues… ¡manos a la obra! —dijo el alcalde—. ¡No hay tiempo que perder!

Terminada la reunión, todos colaboraron en el trabajo y tardaron muy poco en colocar una rueda de carro sobre el campanario de la iglesia.

Aquella misma tarde la cigüeña comenzó a construir su nido.

A partir de aquella primavera, había prodigado sus visitas y no faltó ni una sola.

Todos los años se la recibía en Villalcamino con las mismas manifestaciones de alegría.

Un día, cuando Feral se dirigía camino adelante y sus amigos iban de las eras a los prados, llegó la cigüeña.

—¡Se nos echa encima la primavera! —dijo el alcalde mirando a la cigüeña, que acababa de acomodarse en su nido.

—¡Don Onofre! ¡Mire la cigüeña! El reloj de la torre marca ya *primavera en punto* —decía Colás a voz en grito.

¡Este Colás…! ¡Lo que no se le ocurra a él…!

Aquel día, en Villalcamino no se habló de otra cosa que de la llegada de la cigüeña y de lo que el Colás había dicho.

—Señor maestro —dijo Feral—, ¿por qué vienen y se marchan las cigüeñas todos los años?

—Porque ésa es su vida, Feral. Las cigüeñas son aves migratorias. Eso quiere decir que emigran todos los años de unos lugares a otros.

—¿Y por qué emigran?

—Necesitan ir a regiones, donde hace más calor.

—¿Y a dónde va nuestra cigüeña cuando se marcha de Villalcamino?

—A los países cálidos. Seguramente se queda en África. Muchas cigüeñas pasan el invierno en Egipto.

Al oír la explicación del maestro, Feral se quedó absorto, pensando en aquellos *Países Cálidos*. ¡Seguro que allá se podía andar todo el año con los pies descalzos!

A Feral le entusiasmaba tanto la idea de conocer aquellas tierras que suspiró:

—Cuando sea mayor me iré con las cigüeñas a *Los Países Cálidos.*

UN DESGRACIADO ACCIDENTE

Feral tuvo grandes dificultades para aprender el lenguaje de las cigüeñas.

—¿Es más difícil que el de los otros animales? —le preguntó su padre.

—No. Lo que pasa es que los animales de cuello largo son muy *estirados* y no les gusta relacionarse con nadie. Por eso no quieren hablar conmigo ni enseñarme su idioma.

Ésta era la razón por la que siempre andaba espiándola.

Y a fuerza de espiarla y observarla, llegó a conocer su idioma.

Pero la cigüeña no quiso hablar con él; ni hacerse amiga suya.

Cuando se lo dijo a su amigo el búho, éste le contestó:

—No hagas caso. Como vive en las alturas, se da muchos aires. Además, desde que ha oído que trae buena suerte, se ha vuelto muy orgullosa. No se habla con cualquiera.

—¡Yo no soy un *cualquiera*...!

—Para la cigüeña sí que lo eres...

—Pues ya verá ésa lo que es bueno... —dijo Feral en tono amenazador.

Cuando dejó al búho, se fue hacia el río.

Suponía que la cigüeña estaría pescando y no se había equivocado. La cigüeña pescaba ranas en la orilla.

Se comía una de cada dos y guardaba las otras para sus hijos.

«Parece mentira —pensaba Feral—. Con lo mayores que son... todavía no saben comer ellos solos.»

Entonces Feral comenzó a decir, mitad grito, mitad canción, como suelen hacer los niños:

—¡Cigüeña, cigüeña!
Tu casa se quema,
tus hijos se van.
Manda una carta,
que ya volverán.

La cigüeña levantó la cabeza.

Tenía un aire estúpido, a la pata coja y con una rana colgándole del pico.

Feral, escondido tras un arbusto, volvió a gritar:

—¡Cigüeña, cigüeña!
Tu casa se quema,
tus hijos…

Antes de que terminara su canción, la cigüeña levantó el vuelo, con un miedo que le hacía estremecerse desde las patas hasta el pico.

Cuando llegó al nido, al ver que todo era mentira, protestó enfadada:

—Clap, clap, ¿quién habrá sido el que me ha engañado? Clap, clap.

Feral sonreía escondido entre los árboles.

Desde entonces, casi todos los días le gastaba la misma broma.

La cigüeña, por si aquella vez era cierto, caía siempre en el engaño.

—Oye, Feral, ¿por qué haces eso? —le preguntó su amigo Jaime, el hijo del tío Rufino—. ¡Tú eres amigo de los animales! Si se lo hiciese yo… ¡todavía!

—Porque es una orgullosa. No se trata con nadie. Ni siquiera habla conmigo; y eso que me he esforzado tanto para aprender su idioma. Ya has visto que lo hablo muy bien. Tengo acento de búho, pero se me entiende perfectamente.

—Entonces… ¡Bien hecho! —dijo Jaime—. ¿Qué te parece si, ahora que está en su nido, le damos otro susto aún más grande?

—¿Qué susto…?

—Nos ponemos debajo de la torre y tú le gritas: «¡¡Cuidado, cigüeña, que va a haber una tormenta!!» Y, cuando asome, yo le tiro una piedra con el tiragomas. ¡Ya verás qué susto se pega!

—Pero... ¡no le darás una pedrada! ¿verdad?

—No, hombre, no. Pegaré debajo del nido, en la rueda de carro, para que haga mucho ruido.

—Entonces, vamos.

Los dos niños se dirigieron hacia la iglesia. Iban contentos, con esa alegría que da la complicidad en una misma aventura.

Corrían y saltaban dos veces sobre el mismo pie.

Jaime, el del tío Rufino, cantaba a voz en grito:

Los chinitos de la China,
cuando no tienen qué hacer,
tiran piedras a lo alto
y dicen que va a llover...

Al pasar junto a los prados se cruzaron con varios hombres que volvían de los campos.

—¡Rufino, escucha cómo canta tu chico!

—Alguna barrabasada irá a hacer. ¡Cuando mi hijo canta…! ¡Malo!

—No te preocupes, hombre, que va con Feral, y ése sí que es de fiar.

—No sé qué decirte… ¡todos son iguales!

Pero ya los niños se alejaban, camino de la iglesia, saltando dos veces sobre cada pie.

Jaime preparó su tiragomas.

—Oye, a ver si tienes cuidado… ¡No le des una pedrada!

—Que sí, hombre… ¡No seas pesado! Voy a tirar ahora que no asoma la cabeza.

Feral vio cómo, en el mismo momento en que salía la piedra, la cigüeña alargó el cuello y se alzó sobre sus patas.

Vio cómo se desviaba la piedra.

Cómo peinó las plumas de la cigüeña y se llevó por delante cuatro o cinco.

Feral vio, por último, cómo la cigüeña se desplomaba dentro del nido.

—¡¡Ya te decía yo que tuvieras cuidado!!

—Es que…se me ha resbalado el dedo —susurró Jaime—. Además, no está herida; sólo le he quitado unas plumas… ¡Tampoco es para ponerse así!

La cigüeña se quedó escondida dentro del nido, *por si las piedras*.

Y los niños, antes de que se enteraran en el pueblo de su hazaña, se alejaron despacio y un poco tristes; sin saltar, sin gritar, sin cantar como antes.

Al cabo de un rato, cuando la cigüeña comprobó que ya no estaban los niños y el peligro había pasado, decidió marcharse del pueblo.

Pero antes planeó llevarse algo, para que recordaran siempre la ofensa que le habían hecho.

Después de pensarlo un poco, metió el pico

en el reloj de la torre y sacó una de sus piezas: una rueda dentada, que encajó en su cuello como si fuera un collar.

Y con aquella pieza en el cuello, seguida de sus dos hijos, alzó el vuelo.

—¡Abuelo… que se marchan las cigüeñas! —gritó un niño que jugaba a la puerta de su casa.

—¡Qué raro! —dijo su abuelo—, ¡todavía queda mucho verano! ¡Nunca se vio una cosa igual!

—¡Mire, abuelo, lo que lleva la cigüeña grande en el cuello…!

—Parece una de las ruedas del reloj… ¡Hay que ver, hay que ver…! Esto me huele muy mal.

Feral y Jaime pasaban en aquel preciso momento frente a la puerta en donde conversaban nieto y abuelo.

Iban con las manos en los bolsillos y daban patadas a las piedras para disimular.

—¡¡¡Chicos!!! —dijo el abuelo—, ¿sabéis qué les pasa a las cigüeñas?

—¿A qué cigüeñas? —dijeron a un tiempo Feral y Jaime.

—¡A qué cigüeñas, a qué cigüeñas…! —refunfuñó el abuelo—. Como si en el pueblo tuviéramos tantas… ¡Estos chicos…!

Las cigüeñas no volvieron al nido al atardecer, ni por la noche. Ni tampoco al día siguiente.

¡No volvieron a aparecer en todo el verano!

La huida de las cigüeñas fue tema constante de todas las conversaciones.

Y, hablando, hablando, llegaron a la conclusión de que Jaime y Feral tenían algo que ver en toda aquella historia.

—Oye, Rufino, ¿no iban tu chico y Feral hacia

la iglesia un poco antes de que se fueran las cigüeñas?

—¿Y a qué hora se marcharon?

—Hombre, eso es bien fácil; el reloj está parado y marca la hora exacta en que se fueron.

El tío Rufino se quedó mirando hacia el reloj de la torre, un poco distraído en sus pensamientos, y dijo:

— Ahora lo recuerdo. Mi chico iba cantando y yo os dije: «Seguro que va a hacer alguna barrabasada».

—Yo también me acuerdo —dijo el padre de Feral—. Volvíamos de regar los prados...

Llamaron a los niños y, después de varias preguntas, consiguieron que les contaran todo lo que había sucedido.

Jaime y Feral estaban arrepentidos y un poco asustados.

—No os preocupéis, chicos —dijo don Onofre, el cura—. ¡No lo hicisteis con mala intención! ¡Ya volverán el año que viene!

POR EL CAMINO DE LAS CIGÜEÑAS

Al año siguiente no volvieron las cigüeñas.

Los almendros ya habían florecido.

Pero en Villalcamino nadie pensaba que estaban en primavera, porque las cigüeñas no lo habían anunciado.

Por la fuerza de la costumbre, habían llegado a pensar que *una primavera sin cigüeñas no era primavera*.

Y nadie las había visto.

Ni siquiera para pasar de largo.

Mientras tomaban el sol a la puerta de sus casas, los viejos decían:

—*Por San Blas,*
la cigüeña verás,
y si no la vieres,
año de nieves.

Aquel año, no se vio a la cigüeña por San Blas.
Y, a pesar de ello, no fue un año de nieves.

—Las cosas no marchan como Dios manda —murmuraban al ver que aquellos dichos, fruto de la experiencia de tantos años, no se cumplían.

El reloj de la torre marcaba siempre las cuatro; porque fue a esa hora cuando lo paró la cigüeña…

Ya no volaban sus campanadas sobre los tejados hasta perderse en los campos de labor.

El reloj se había convertido en un objeto decorativo.

Los habitantes de Villalcamino levantaban todos los días la vista hacia la torre para ver si la cigüeña había regresado.

Pero sólo quedaba allí el recuerdo de la hora exacta en que se había marchado.

En Villalcamino ya no tenían de qué hablar.

A Colás se le habían acabado sus dichos y siempre repetía lo mismo:

—Hemos perdido la primavera. El nido y el reloj están silenciosos, porque se han quedado deshabitados. ¡Todos nosotros nos hemos quedado deshabitados…!

¡Qué iba a decir aquel poeta… si había perdido la primavera!

Y Feral repetía una y otra vez:

—Yo iré a *Los Países Cálidos* y las convenceré para que vuelvan.

Al principio, todos conservaban la esperanza de que llegaría una primavera en que verían de nuevo a la cigüeña cruzar el cielo, describir un amplio círculo y detenerse en la torre de la iglesia.

Pero, año tras año, aquella esperanza se desvanecía como una nube de verano.

Finalmente, la esperanza se les rompió como una vasija de barro.

Y una tristeza fría los empapó hasta los huesos.

—¡Nunca más volverán las cigüeñas...!

—Villalcamino está señalado como un pueblo cruel que maltrata a los animales.

—¡Por eso nos evitan...!

Villalcamino seguía teniendo una iglesia.

Pero el reloj de su torre y el nido estaban deshabitados.

Villalcamino seguía teniendo una plaza.

Pero en ella se habían muerto las conversaciones, porque ya no había nada que comentar.

Villalcamino seguía teniendo una fuente y un río.

Pero las aguas parecían decir con su murmullo:

«Más vale pasar sin detenerse en este pueblo...».

Cuando Feral cumplió catorce años, sus padres le dieron permiso para ir en busca de las cigüeñas.

Antes de partir se reunió con todos los del pueblo y les habló:

—Ha llegado el momento de marchar. Es necesario que alguien les diga a las cigüeñas que nuestro pueblo no tiene malos sentimientos; y yo soy la persona más indicada para ello. En primer lugar, porque me gustan los caminos y conozco el lenguaje de los pájaros, de las flores y de las cigüeñas. Finalmente, porque fui responsable, sin mala intención, de que se marcharan del pueblo.

»Sé que es una aventura muy difícil. Por eso, no debéis impacientaros si tardo en regresar. Yo os prometo que volveré con las cigüeñas, aunque tenga que emplear en ello toda mi vida.

»Lo único que os pido es que, cada vez que miréis hacia la torre y veáis el nido vacío, penséis en mí. Esto me dará fuerzas y suerte. Cada vez que me recordéis, será como si estuviéramos juntos…

Cuando Feral terminó de hablar, todos tenían los ojos llenos de lágrimas.

Aquel mismo día Feral salió del pueblo.

Llevaba la mirada llena de confianza y los labios llenos de canciones.

Desde el último recodo del camino se despidió diciendo adiós con el brazo. El muchacho volvió la cara para que no vieran que estaba a punto de llorar.

—¡Al fin tengo todo el horizonte delante de mí! ¡Rumbo a *Los Países Cálidos,* en donde invernan las cigüeñas!

Cantaba y hablaba con el camino y con las flores, que repetían su saludo de siempre:

—¡Hola, Feral!

—¡Buenos días, Feral!

—¡Dios te guarde de mal, Feral!

Cuando se le echó encima la noche, divisó a lo lejos una luz.

Y hacia ella encaminó sus pasos.

—Buenas noches —le dijo al vagabundo que estaba junto a una hoguera.

—Nos dé Dios —contestó éste con la voz enronquecida de tanto dormir en el campo y aspirar el humo de las hogueras.

El vagabundo asaba patatas en el rescoldo de una hoguera y una liebre en otra.

—¡Qué…!, ¿de camino? —preguntó a Feral.

—¡Ya ve…!

—¿Y hacia dónde? Si no es indiscreción.

—Voy detrás de las cigüeñas…

—Buen camino es ése, ¡pero largo! Yo ya no tengo edad para hacerlo. Me he convertido en un vagabundo de vía estrecha. Ahora tengo que contentarme con la ruta de los bosques… ¡Es más cómoda! Pero a tu edad… ¡ya había corrido mucho mundo! Bueno, ¡menos hablar y más comer, que ya es hora! Cógete un muslito de liebre y un par de patatas asadas. Y no te preocupes. Aquí tengo agua fresca y una botellita de tinto para regar la cena.

—Gracias, pero yo traigo unas cosas…

—Guárdalo, hijo, que la ruta de las cigüeñas es larga.

Aquella noche, Feral recibió su espaldarazo como vagabundo: cenó y durmió bajo las estrellas.

Por la mañana, cuando sonó el despertador de los gallos, se levantaron. Fueron al río para lavarse y, como llevaban distinto camino, se despidieron.

—Adiós, hijo, y mucha suerte. ¡Quién tuviera tus años para ir contigo detrás de las cigüeñas! Pero ya nos encontraremos cualquier día. Cuando se anda por los caminos siempre acaba uno encontrándose.

—Adiós —dijo Feral—, y gracias por la cena.

—No tiene importancia. Recuérdalo siempre. Los buenos vagabundos tenemos esta ley: *Hoy por ti, mañana por mí.*

Y pensando en aquella hermosa ley, Feral se alejó camino adelante.

UNA SOMBRA MISTERIOSA

A partir de entonces, raro era el día en que no ponía en práctica el principio de *Hoy por ti, mañana por mí*, que le había enseñado el vagabundo.

Porque era raro el día en que no encontraba a alguien con quien compartir un trozo de pan o un trecho de camino.

Pasaba el tiempo, avanzaba camino, pero no encontraba a las cigüeñas.

Algunas veces había tenido la impresión de que un batir de alas lo seguía a sus espaldas, de que… ¡alguien lo vigilaba!

Un día, estaba descansando a la sombra de un árbol con los pies metidos en un riachuelo, cuando oyó una voz:

—¿Qué tal, Feral?

Miró hacia arriba.

El que había hablado era un cuervo.

Pero Feral no recordaba haberlo visto nunca.

—¿Y quién eres tú? —le preguntó.

—Un cuervo.

—Ya lo veo. Pero…

—Pues hay muchos que confunden a los cuervos con los grajos…

—Bueno, bueno, ¡déjate de rollos! Lo que quiero saber es cómo me conoces.

—En el bosque y en el camino todos te conocemos. Sabemos que buscas a las cigüeñas… Por eso estoy aquí. Para pedirte que me dejes ir contigo. Yo también tengo que ir a *Los Países Cálidos*… Soy muy friolero y me asusta pasar aquí el invierno.

—No —dijo Feral— Más vale estar solo que mal acompañado. El búho me habló muy mal de vosotros.

—Pues tú sabrás lo que haces... Yo podría ayudarte mucho.

—¡Bah!

—Te voy a decir una cosa para demostrártelo: ¿sabes que vienen siguiéndote desde que saliste del pueblo? No puedes mover ni un dedo, sin que, al momento, lo sepan las cigüeñas.

—¿Y quién me sigue? ¿Quién cuenta a las cigüeñas lo que hago?

—Groac, groac —rió el cuervo—. ¿Ves...? ¡Ya estás interesado! No te diré quién te espía, ni lo que tienes que hacer para encontrar a las cigüeñas, si no prometes que me dejarás ir contigo.

—¿Se puede saber para qué necesitas venir conmigo?

—Ya te lo he dicho. Soy muy friolero y, como

ya empiezan a refrescar las noches, necesito que me tapes con tu chaqueta.

—De acuerdo. Puedes acompañarme. Ahora, cuéntame lo que sabes.

—Estoy enterado de todo. Las golondrinas han espiado lo que has hecho desde que saliste del pueblo. Ellas son amigas de las cigüeñas, porque también se marchan a *Los Países Cálidos*. Y les encanta cumplir el encargo, porque son unas chismosas. Todavía no has encontrado a las cigüeñas porque no se fían de nadie de Villalcamino…

—¿Y qué tengo que hacer para que se fíen de mí…?

—¡Méritos! Tienes que hacer méritos para convencerlas de que eres buena persona. Pero no va a ser fácil… ¡Las cigüeñas son muy duras de mollera!

—¡No me importa. Tengo mucha paciencia!

—Entonces… ¡en marcha! —dijo el cuervo, saltando sobre el hombro de Feral—. Nos queda mucho camino por delante. ¿Sabes cantar? Cantando se hace mejor el camino…

Un, dos, tres, todo va bien.
Un, dos, tres, todo va bien…

—¡Oye! Me han dicho que tú ibas para general, o mariscal…

—¿Y quién te ha contado eso?

—Se comenta… en el bosque…

—¡Me parece que en el bosque se comentan demasiadas cosas…!

—Pero… ¿es verdad?

—¡¡Bah!! ¡Tonterías! Como me llamo Feral, pensaron que debía de ser algo que terminara en *al,* como mariscal, general…

—Groac, groac —rió el cuervo.

—Y ahora…¿de qué te ríes?

—Es que se me ha ocurrido una cosa… Pero a lo mejor no te hace gracia.

—Desembucha.

—Ahora… eres otra cosa que termina en *al*.

—¿Qué?

—¡Vagabundo provisional!

—Vagabundo provisional —repitió Feral; y enseguida soltó una sonora carcajada—. ¡Ja, ja, ja! Es la primera vez que encuentro a un cuervo que tenga gracia…

—¿Qué te has creído… que somos unos desgraciados?

—¡No te pongas así…!, Una cosa es decir que alguien no tiene gracia y otra, decir que es un desgraciado.

—¡¡Bueno!! ¡Por si acaso!

Feral y el cuervo caminaron en silencio un buen rato.

—Oye, Feral…

—¿Qué quieres ahora?

—¿Ves aquellas golondrinas?

—Sí. Nos acaban de pasar hace un momento.

—Seguro que van con el chisme a las cigüeñas.

—¿Qué chisme?

—Hombre, pues que somos amigos… que me dejas ir posado en tu hombro… ¿Sabes…?, eso va a sumar muchos puntos a tu favor. Es señal de que te llevas bien con los animales.

Distraídos con esta conversación, se les echó la noche encima.

A lo lejos, un poco a la izquierda del camino, se recortaba una sombra que destacaba en medio de la oscuridad.

Parecía una persona de gran estatura.

—Vamos hasta aquella sombra…

—¡¡No!! ¡No! Mejor nos quedamos aquí. Estoy muy cansado… —dijo el cuervo atropelladamente.

—Pero si hay muy poca distancia.

—No importa. Este sitio es mucho mejor. —Al cuervo le temblaba la voz.

—¡Vaya morro! ¿Cómo puedes estar cansado, si el que camina soy yo? ¡Ah, claro! Lo que pasa es que tienes miedo. ¡Ja, ja, ja! Nunca había oído una cosa igual… ¡Un cuervo *miedica*!

—Si es un hombre, ya vendrá a calentarse cuando encendamos fuego. Y si es un fantasma…

—Pero… ¿tú crees en fantasmas…?

—Por si acaso… ¡yo no me acerco!

—Bueno, hombre, bueno. Recoge unas ramas secas y tráelas para encender fuego.

El cuervo hizo lo que Feral le había mandado y pronto una alegre fogata iluminó sus caras.

La sombra seguía a lo lejos. Inmóvil.

Cuando soplaba un poco de viento, su ropa oscilaba ligeramente.

Por contraste con la luz de la hoguera, parecía aún más oscura.

A causa de las plumas, al cuervo no se le notaba que se había puesto muy pálido. Se había sentado de espaldas para no ver a la sombra.

Después de cenar se acostaron.

El cuervo se acomodó entre la camisa y la chaqueta de Feral.

—Buenas noches—dijo temblando, no se sabía si de frío o de miedo.

—A quién se le ocurre, tener miedo de una sombra… ¡Fantasmas…! Mañana nos reiremos de esos miedos.

EL ESPANTAPÁJAROS

A la mañana siguiente la risa del cuervo despertó a Feral.

—Groac, groac...

Lucía ya un sol espléndido.

Feral miró hacia donde se oía la risa del cuervo y sonrió también.

—¿Has visto? ¡Lo de la sombra era una tontería!

Frente a ellos se alzaba un viejo espantapájaros, clavado en medio de un campo de trigo.

El cuervo saltaba entre las amapolas y las espigas.

Y se reía del miedo que había pasado la noche anterior.

—De ahora en adelante no volveré a tener miedo de las sombras.

—Me alegro —dijo Feral—, ahora vamos a lavarnos.

Cuando estaban desayunando, Feral exclamó:

—Todavía no me has dicho cómo te llamas. Si vamos a ser amigos, y a hacer un largo camino juntos, es lo primero que debo saber.

—Me llamo *Cuervo*.

—Pero… tendrás otro nombre, ¿no?

—No.

—Entonces hay que ponerte uno. ¿Cómo prefieres llamarte?

—El nombre que más me gusta es Teodoro.

—¡Demasiado largo para un cuervo tan pequeño! Si quieres, puedes llamarte Teo.

El cuervo repitió varias veces aquel nombre; una de ellas gritando:

—Teo… Teo… ¡¡Teo!! Sí; me gusta.

—Pues vámonos, Teo. Se hace tarde y no estamos para perder tiempo.

Feral y Teo se pusieron en camino.

Estaban comentando y riéndose del miedo que había pasado la noche anterior, cuando oyeron a sus espaldas una voz extraña, de tono pajizo:

—¡¡Vayan con Dios los caminantes!!

El cuervo, que iba subido sobre el hombro de Feral, se dio la vuelta. Feral se dio la vuelta también y Teo tuvo que girar de nuevo; porque otra vez se había quedado él de espaldas.

—¡Si no lo veo, no lo creo! —dijo el cuervo—. ¡Un espantapájaros que habla!

—¡Más extraño es que un cuervo tonto pueda hablar! —exclamó, indignado, el espantapájaros.

— No discutáis —dijo Feral—. Y tú, perdona que no te hayamos saludado. Pero... el cuervo tiene razón. ¡Es la primera vez que veo un espantapájaros que sepa hablar!

El espantapájaros, más calmado por las razones de Feral, continuó:

—¡Pues claro que hablamos! Pero casi todos lo hacen en voz muy baja para que nadie los oiga. Son muy presumidos. Por eso, no quieren que nadie se fije en ellos. ¿No veis la facha tan ridícula que tenemos?

—Y tú… ¿por qué no eres como los demás?

—Ya soy viejo y valoro otras cosas. Ahora sé que vale más compartir una hora de vida con los demás que perder el tiempo presumiendo.

El espantapájaros ofrecía una curiosa figura: el mango de un arado clavado en el suelo y unas gavillas de paja atadas a él formaban el cuerpo y la cabeza; media rueda de carro formaba los brazos y vestía todo aquel armazón un sombrero de copa y un viejo frac.

—Hoy, más que nunca, sentía la necesidad de hablar; de contar a alguien mis pensamientos… —prosiguió el espantapájaros.

—Pues aquí tienes a ese alguien —exclamó Feral.

—Y aquí tienes a otro —dijo el cuervo—. Me gustaría conocer tu historia, debe de ser muy interesante

—¡A mí también! Nunca he oído la historia de un espantapájaros.

—La vida del espantapájaros es muy complicada. Es la suma de varias vidas rotas. Nosotros damos utilidad a cosas que ya no servían para nada. Miradme bien, para que lo entendáis mejor. ¿Veis? Yo soy la suma de las vidas de un arado que ya no araba; de una rueda que ya no rodaba y de unas ropas con las que su dueño ya no quería vestirse…

»Ahora, gracias a mí, tienen una vida nueva. Una vida parecida a la del árbol, con los pies clavados en el suelo, sin otros horizontes y sin otra compañía que el sol y la lluvia, el día y la noche.

—¡Debe de ser triste, no poder moverse! —dijo Feral.

—No lo creas. Todo es cuestión de acostumbrarse. ¿Te parece poco lo que yo anduve cuando era arado o rueda de carreta? ¡¡Bastante tengo ahora con recordar aquellos trabajos y descansar tranquilo!!

HISTORIA
DEL ARADO

El arado continuó diciendo:

—Yo nací, hace muchísimos años, en el bosque donde habéis pasado la noche. Pronto me convertí en el árbol más hermoso, más fuerte y más lleno de vida de toda la región. Estaba tan lleno de vida que necesitaba usarla. Quería ser útil. Pero con una utilidad mayor que la de dar sombra al caminante.

»Un día se cumplieron mis sueños. Llegó un carpintero, se detuvo frente a mí y comenzó a medirme durante un buen rato. Poco después, volvió con el leñador.

—Éste es el árbol que necesito —le dijo.

—Pero… es muy duro.

—Lo necesito para hacer una rueda de carro y un arado que me han encargado.

—Si es para eso, no encontrará en el bosque otro mejor. ¡Manos a la obra!

—Y comenzaron a cortarme…

—Sería muy doloroso… ¿no? —interrumpió Feral—. Separarte de la tierra… de tus raíces…

—Sí; pero eso es ley de vida. También os sucede a los humanos. ¿No te ha costado a ti separarte de tu familia para emprender este viaje?

—¡¡Claro!! —suspiró Feral.

—Porque tu familia es la raíz que te une a tu pueblo… A todos nos cuesta separarnos de alguien o de algo que queremos. Las separaciones siempre son tristes. Pero… soñar con que me convertiría en algo útil, me llenaba de una alegría tan grande que compensaba todos los sacrificios.

»El único momento de tristeza fue cuando me partieron en varios pedazos; porque, en cada objeto que hicieran con mi madera, conocería una nueva separación.

»El carpintero trabajaba y trabajaba con paciencia la madera, hasta que terminó el arado.

»Otro día, comenzó a hacer una rueda. Al principio sentí un poco de envidia de la rueda. Porque ella recorrería caminos, transportaría personas y sería de gran utilidad. Pero aquel momento de envidia se me pasó enseguida. ¡Al fin y al cabo, éramos hijos de un mismo tronco! Estaba arrepintiéndome de aquellos pensamientos cuando llegó el labrador para recoger su encargo.

—¿Qué tal, Nicolás?

—Pues ya lo ves, trabajando… ¡como siempre! Ya he terminado tu encargo.

—De momento, sólo puedo llevarme el arado. Es lo que más necesito ahora… el dinero no da para más… ¡Y bien que lo siento; porque esa rueda es estupenda…!

—No te preocupes…; siempre encontraré compradores…

Yo me sentía feliz al oír ponderar mi utilidad.

Por eso, marché muy contento con mi nuevo amo.

Al día siguiente comencé a labrar los campos.

Me gustaba aquel trabajo, porque me permitía seguir en contacto con la tierra.

Trabajaba con alegría.

Trazaba los surcos rectos y profundos; y, pronto, el labrador estuvo muy contento conmigo.

—María, ¡no sabes qué buena compra hice! ¡Nunca había tenido un arado que trabajara tan bien!

Yo me puse muy alegre al oír aquellos elogios. Porque había adquirido una especie de orgullo profesional.

Trabajé y trabajé para mi amo hasta que, de puro viejo, ya no pude más.

Y ahora… ¡Aquí me tenéis, cuidando estos campos, que roturé tantas veces cuando era joven!

HISTORIA
DE LA RUEDA

En cuanto terminó de hablar el arado, la rueda tomó la palabra:

—Pues yo… cuando mi hermano el arado se fue con el labrador, me quedé muy triste. Tenía la sensación de que no servía para nada y, por eso, nadie quería comprarme. Yo soñaba con trabajar. No quería ser un objeto de adorno.

Para eso, mejor estaba en el árbol, ocupada en dar sombra al caminante.

»Pasó el tiempo y me fui llenando de polvo.

Una araña que vivía en la carpintería comenzó a usarme como bastidor para tejer una de sus más hermosas filigranas.

Me gustaba el trabajo de la araña, siempre

por amor al arte y con la certeza de que casi nadie sabría apreciarlo.

Un día, cuando ya la araña había terminado por completo su tela y se había instalado definitivamente en el agujero del eje, la carpintería se llenó de voces.

—Aquí tengo, precisamente, lo que ustedes buscan… ¡Algo de calidad!

El carpintero hablaba con unos personajes extraños, que en nada se parecían al labrador a quien yo, tarde o temprano, esperaba pertenecer.

Apenas podía verlos a causa del polvo y de la telaraña que me cubrían.

Enseguida supe que el carpintero se refería a mí; porque comenzó a limpiarme, hasta que recobré por completo el brillo.

Entonces pude contemplarlos a mi gusto.

Se trataba de tres hombres y dos mujeres. Vestían unos trajes de colores como nunca había visto en mi vida. Con ellos venía un animal que luego me enteré de que se llamaba *mono*.

Los tres hombres hacían curiosas reverencias al hablar y se movían ágilmente, dando saltos de vez en cuando.

—Señores cómicos… no van a encontrar una rueda más hermosa ni mejor hecha que ésta…

—Caballero, de eso estamos seguros y os felicitamos por vuestro magistral trabajo —exclamó el que parecía dirigir el grupo—. Pero tenemos que consultar con nuestra cartera, para ver si realmente es lo que nos conviene…

—No les voy a cobrar caro —dijo el carpintero al que había hablado, que vestía un traje de cuadros blancos y negros, como un tablero de ajedrez.

Se acercó a él y le susurró unas palabras al oído.

Quizá para que yo no me enterara de mi precio.

—A eso se llama ponerse en razón, ¡sí, señor! —dijo el del traje de ajedrez—. ¡Nos quedamos con ella!

Y allá nos fuimos, mis nuevos amos y yo, calle adelante, sin darme tiempo para despedirme de la araña, a la que nunca agradeceré lo suficiente la compañía que me hizo mientras estuve en la carpintería.

Yo no sabía si estar contenta o triste… ¡Era todo tan distinto de como había imaginado mi vida…! Lo único que echaba de menos era que no me hubiera comprado el mismo labrador que compró a mi hermano; y el no saber la clase de vida que me esperaba.

Los cómicos daban saltos en el aire y caían de pie, varios pasos más adelante, ante los ojos admirados de las gentes del pueblo y, por qué no reconocerlo, también ante los míos…

Más tarde me acostumbré a aquellos saltos; porque eran el pan nuestro de cada día…

De esta forma, los cómicos dando saltos en el aire y yo dando saltos en el camino, cada vez que tropezaba con una piedra o con un bache, llegamos a unos prados.

A la sombra de uno de los árboles me esperaba mi carro.

Me gustó nada más verlo, porque tenía unos colores muy hermosos y muchas flores pintadas por todas partes.

Aquellas flores las pintaba un niño, hijo del hombre del traje de ajedrez.

Su padre tenía la manía de los saltos y él, la de las flores.

En cuanto me colocaron en el carro, el niño se me acercó con unos botes de pintura.

—No pintes esa rueda… ¡que es nueva!

—Por eso hay que pintarla… para que no desentone…

—Deja que la pinte —dijo una de las mujeres; luego me enteré de que era la madre del niño—. Ya sabes que eso le hace mucha ilusión. Además, ¡pinta tan bien…!

Para la hora de la comida ya me había pintado doce flores brillantes y luminosas: una rosa, un clavel, una margarita y otras que entonces me pareció que no existían, porque no las había visto nunca…

Yo continuaba sin saber si debía alegrarme por mi nuevo destino.

No acababa de encontrarme a gusto.

Siempre había soñado con trabajar en serio y aquello de los cómicos me parecía cosa de broma. Por eso me sentía un poco incómoda.

Pero no podía quejarme de la vida que llevábamos, siempre de pueblo en pueblo, viendo mundo y divirtiéndome con el espectáculo.

—¡Vean, señoras y caballeros, al Mono Saltarín! ¡El mono más ágil del mundo! —decía el *Ajedrez.*

—¡Y ahora, admiren al Pequeño Saltimbanqui, que dará el triple salto mortal!

Y salía mi amigo con un traje en el que estaban pintadas todas las flores del mundo, según decía su padre el *Ajedrez*

Yo me divertía. Pero aquella vida no acababa de convencerme por lo que antes he dicho.

Fueron pasando los meses y llegué a cansarme de ver siempre los mismos números.

Entonces, comencé a observar la otra cara del espectáculo: los espectadores.

Descubrí la alegría de aquellos momentos reflejada en sus caras, morenas por el sol y el aire de las eras.

Entonces comprendí toda la belleza y la importancia que encerraba nuestro trabajo. Nosotros, también yo con mis doce flores pintadas, llevábamos momentos de alegría a las gentes de todos los pueblos.

Los saltos del niño de las flores, y los del mono; y los chistes del *Ajedrez,* llenaban de vida las horas de descanso de todos los pueblos del mundo.

A partir de entonces me sentí feliz y comencé a rodar con alegría por caminos de barro y por caminos de polvo. Pero por donde más me gustaba ir era por los caminos de hierba. Éstos eran tan poco frecuentados que la hierba seguía creciendo por todas partes.

Por eso, éramos mejor recibidos y llevábamos una alegría mayor.

Y soportando barros, piedras y aguaceros, transporté sobre mí toda aquella alegría.

Fui feliz y, durante muchos años, hice mi trabajo con la mejor voluntad.

Quizá por eso, el camino esperó hasta aquí para sacar la piedra que acabaría con las escasas fuerzas que me quedaban.

Al pasar por este camino, vi a mi hermano, el arado, que ya estaba clavado en este campo.

Cuando me despedía de él, una piedra que había en medio del camino me partió en dos.

El *Ajedrez* tuvo que sujetar el carro con unas piedras para que no se volcara y dijo:

—¡Vaya casualidad…! Esta rueda se ha ido a romper en el mismo lugar donde la compramos.

—¡No te quejes! ¡Nos ha hecho un buen servicio!

Fueron al pueblo a buscar otra rueda y a mí me dejaron en la cuneta.

Mientras colocaban la otra rueda, el chico de las flores, que ya era todo un hombre, pintó sobre mí esta flor que aquí veis…

—¡¡Qué maravilla!! —exclamó Feral.

—Yo creí que era de verdad —dijo el cuervo.

—Pinta muy bien —continuó diciendo la rueda—. Estoy segura de que si las pintara sobre la tierra, echarían raíces y crecerían al sol. Pero, entonces, durarían menos. Él lo sabe y, para evitarlo, siempre las pinta sobre madera, sobre tela o sobre papel.

Fue una hermosa despedida: me recibieron con flores y ahora me despedían también con una flor.

A la mañana siguiente llegó el labrador y me clavó sobre el arado.

A continuación, nos vistió con unas ropas que ya no le servían.

—¿No te parece muy raro que un labrador tenga un frac?

—Ésta no fue la ropa que él nos puso. Este

viejo frac tiene otra historia… ¡Ya os lo dije… la historia de un espantapájaros es bastante compleja!

Feral había seguido muy interesado las palabras del espantapájaros y no quería marcharse sin oír el final.

—Bueno, ya es hora de comer… Vamos a tomar algo y luego terminarás de contarnos tu vida.

HISTORIA DEL FRAC Y LA CHISTERA

Cuando terminaron de comer, el espantapájaros continuó su historia.

Unas veces tomaba la palabra el arado; y otras, la rueda se encargaba de la narración.

—Como podréis imaginar, el arado y yo sentimos una alegría muy grande al reunirnos después de tantos años. Más aún, porque estábamos junto al bosque que nos había visto crecer.

El labrador nos había puesto una chaqueta rota y un sombrero no menos viejo que la chaqueta.

Nuestro trabajo consistía, ahora, en impedir que los pájaros comieran trigo en este campo.

—Desde el primer momento procuramos hacer uso de la persuasión en vez del miedo para cumplir con nuestro trabajo.

No queríamos ser espantapájaros en el mal sentido de la palabra. Eso de *espantar* siempre nos había parecido algo desagradable.

A los pocos días de estrenar nuestro trabajo llegamos a un acuerdo con los pájaros: ellos comerían sólo de las espigas que estaban caídas en el suelo. A cambio, podrían posarse sobre nosotros sin miedo a que los espantáramos.

Incluso llegó el día en que uno de ellos se atrevió a anidar sobre mi cabeza. ¡¡Aquellos sí que eran buenos tiempos!!

—¿Y qué decía vuestro amo, el labrador?

—A él le parecía bien. Porque, con nuestro trato, no salía perjudicado. Todos éramos felices, pero un buen día las cosas cambiaron.

Llegó un hombre por el camino.

Vestía un traje muy elegante, pero tenía la cara más triste que he visto en mi vida.

De pronto, su mirada se posó en nosotros y su rostro se iluminó.

Se acercó rápidamente y cambió su frac por nuestra chaqueta y su chistera por el sombrero. Con aquel cambio se sintió feliz, como si se hubiera quitado un peso de encima. Sonriente, cantando y saltando como un niño, se marchó camino adelante.

Yo también estaba contento. Al principio. Las nuevas ropas me favorecían y me daban un aspecto imponente.

Pero pronto me di cuenta de las consecuencias de aquel cambio.

Los pájaros ya no confiaban en mí al ver la seriedad que desprendía mi figura, y… ¡Pronto conocí lo que era la soledad!

Entonces comenzó a hablar la chistera:

—Nosotros lamentamos mucho haber traído la tristeza a este pobre espantapájaros. Aunque ya estamos acostumbrados, porque a nuestro anterior dueño también le pesábamos como si estuviéramos hechos de plomo…

—¿Qué era vuestro antiguo dueño?

—No lo sabría decir… era una persona muy importante. Yo nunca me he preocupado por los cargos y todas esas cosas… Debía de ser mariscal, general… Yo qué sé…

—Groac, groac —rió el cuervo—. Y luego se convirtió en vagabundo profesional… ¡Como otros…! ¡Groac, groac…!

—Teo, ¡cállate! ¡No quieras hacerte siempre el gracioso! —le interrumpió Feral.

—Nuestro amo —continuó la chistera— era un hombre muy ocupado. Todas las mañanas lo despertaba su secretario leyéndole la lista de cosas que debía hacer durante el día. No le quedaba ni un minuto libre. Al principio le gustaba todo aquel ajetreo, porque colmaba su vanidad.

Más tarde, cuando el saco de su vanidad se llenó por completo, se detuvo a pensar. Y la vida que llevaba comenzó a pesarle.

No sé si lo habría planeado ya, o fue algo que se le ocurrió de pronto; pero un día, cuando iba a inaugurar un pantano, mandó detener el coche y dijo que quería pasear un poco.

Se internó en el bosque y, rápidamente, se perdió de vista.

¡¡Por fin era libre!!

Nunca más volvería a llevar su vida anterior y aquel pantano…¡que lo inaugurase otro!

Ahora sí que tenía una vida completa y feliz…

Si quería, podía pararse a descansar a la sombra de un árbol, sin preocuparse de la hora.

Si quería, podía correr, como un chiquillo, sin tener que guardar *la debida compostura.*

Era libre de caminar, reír y saltar cuando le apeteciera.

Pero al cabo de un rato pudo comprobar que esto no era del todo cierto.

Pasaron varios caminantes que lo saludaron con mucho respeto.

Se acercó para conversar con ellos; pero vio que apenas se atrevían y estaban un poco recelosos.

Siguió caminando y se detuvo para buscar una solución a aquel contratiempo.

Entonces vio este espantapájaros y se le ocurrió una idea que pronto puso en práctica…

El resto de la historia os la han contado ya mis compañeros.

Mi amo hizo el cambio de ropas y se marchó por esos caminos de Dios. ¿Quién sabe dónde estará ahora, ni qué habrá sido de él?

EL ESPANTAPÁJAROS HABITADO

—Ahora que ya conoces nuestra historia —dijo el espantapájaros—, quisiera pedirte un favor...

—¿De qué se trata?

—Bueno... No...Nada...

—¡Venga...!¡Pídeme lo que sea!

—¡Olvídalo!

—Mientras te decides, voy a pescar algo. Porque nosotros cenamos... ¿sabes? Y ya se va acercando la hora.

Feral y el cuervo se dirigieron al río.

Al cabo de un rato, habían pescado cuatro peces de buen tamaño.

—Ha habido suerte, ¿eh? —dijo Teo—. Vamos a tumbarnos a la sombra de esos árboles. Tengo que decirte una cosa.

Mientras descansaban sobre la hierba, dijo Feral:

—Mañana habrá que darse prisa. Lo que es hoy… ¡no hemos adelantado camino!

—De eso quería hablarte. Hemos adelantado más de lo que tú crees. Mientras escuchabas al espantapájaros, las golondrinas estaban detrás de nosotros. Y, con ellas, había una cigüeña que no te quitaba los ojos de encima.

»¡Hoy has sumado muchos puntos a tu favor! Es una prueba de buenos sentimientos el quedarte todo un día escuchando a alguien que lo necesita. Sobre todo, cuando se tiene tanta prisa como tú. Ahora sólo te queda hacerle ese favor que iba a pedirte. Supongo que ya sabrás de qué se trata… ¿no?

—Sí. Que cambie mi ropa por la suya…

—Y debes hacerlo si deseas hablar pronto con las cigüeñas.

—Lo haría, aunque no necesitara hablar con ellas.

En cuanto regresaron junto al espantapájaros, hicieron fuego y se pusieron a asar los peces.

—¡Qué…!, ¿me dices ya cuál es el favor que querías pedirme?

—No. Bastante has hecho con escuchar mi historia durante todo un día…

—Bueno, ya que no te decides a pedirme ese favor, yo te pediré uno… ¿Quieres cambiarme tus ropas por las mías?

El espantapájaros estaba tan emocionado que no pudo decir ni una sola palabra.

Aquella noche Teo y Feral durmieron tapados con el viejo frac.

A la mañana siguiente los despertó un bullicio enorme.

Su amigo, el espantapájaros, estaba totalmente cubierto de pájaros y sonreía.

—Ahora, *estás de nuevo habitado*, como diría Colás, el poeta de mi pueblo —le gritó Feral al despedirse.

Se pusieron en camino sin detenerse a desayunar. Y, mientras comían los dos peces que les sobraron de la noche anterior, dijo Teo:

—Creo que hemos avanzado mucho camino. Ya estamos cerca de la entrevista con las cigüeñas. Estoy seguro de que, muy pronto, conseguirás verlas…

—¿Por qué dices eso…?

—Pues porque ya están convencidas de tu buen corazón. Eso de cambiarle la ropa al espantapájaros y devolverle la felicidad… vale más que escucharle durante todo un día.

Estaban entretenidos con estas conversaciones, cuando doblaron el primer recodo y perdieron de vista al espantapájaros.

Formaban una curiosa pareja.

Feral vestía el viejo frac y la chistera.

Y el cuervo, como siempre, estaba posado sobre su hombro derecho.

LAS CUATRO PRUEBAS

Pasó el tiempo.

Pero, a pesar de lo que había dicho Teo, no llegaba el momento de encontrarse con las cigüeñas.

—Y ahora… ¿qué me dices?

—Me equivoqué. Llevabas acumulados tantos puntos… Creí que tenías la partida ganada. Ahora ya estoy seguro de lo que pasa. Están usando otra táctica. Ya saben que tienes buen corazón; así que… quieren probar tu paciencia. La cosa está más difícil de lo que pensaba…

—Pero… ¿para qué iban a hacer eso?

—De esa forma sabrán hasta qué punto es importante para ti hablar con ellas.

—¿Y cómo estás tan seguro de que piensan eso…?

—Pues porque ahora nos vigilan directamente las cigüeñas. ¿No las ves? —dijo, señalando hacia atrás.

—¡Es verdad! —exclamó Feral, sorprendido—. Y… ¿desde cuándo nos siguen?

—Desde ayer.

—No me había dado cuenta…

—¡Claro! En cuanto andas sumido en tus pensamientos no ves más allá de tus narices. ¡Menos mal que yo estoy aquí…!

Aquella vigilancia y aquel andar por los caminos, siguiendo la ruta de las cigüeñas, duró tres largos años.

No se sabe cuánto más habría durado, de no entrar en juego la buena suerte, que en ningún momento había abandonado a Feral desde que salió del pueblo.

Una mañana se despertó al oír unos ruidos extraños, como de alguien que se estuviera ahogando.

Feral y Teo se acercaron hacia donde se oían los gemidos.

La cigüeña que se encargaba de vigilarlos estaba a punto de ahogarse. Un bulto enorme le obstruía el cuello cortándole la respiración.

Feral ordenó que no se moviera y, sirviéndose de dos palos largos y afilados como si fueran pinzas, consiguió sacarle una rana que tenía atascada en la garganta.

—¡¡Vaya!! De ésta se ha salvado. Pero otra vez no olvide este consejo: *Es mucho más seguro, comer poco y a menudo.*

La cigüeña no encontraba palabras para darle las gracias, porque se había visto en las últimas.

Cuando se repuso del susto, dijo:

—Ahora mismo iré a informar de tu comportamiento. Haré todo lo que pueda para que te concedan tus deseos.

Y diciendo esto se alejó volando.

Al día siguiente ya estaba de regreso.

Con una expresión de alegría en el pico y en los ojos, gritó:

—¡¡Lo he conseguido!! ¡Van a recibirte!

Feral atendió a todos los consejos que le daba la cigüeña-vigilante:

—Primero te harán una especie de examen que deberás aprobar. De no ser así, no atenderán tu petición. Pero no te preocupes. Lo más difícil ya lo has superado.

Muy contento, pero también bastante nervioso, Feral comenzó a cepillar el frac y la chistera.

—¡De prisa, que nos esperan! —dijo la cigüeña levantando el vuelo.

Feral y el cuervo la siguieron lo más rápidamente que podían.

Al atardecer llegaron a un bosque, en donde su guía le hizo la última recomendación:

—Ya hemos llegado. Tú, tranquilo. Y, sobre todo, recuerda esto: nunca hables de algo que no te hayan preguntado.

Feral y Teo se internaron en la espesura hasta llegar a un claro donde veinte cigüeñas se hallaban reunidas formando un círculo.

—Pasa, Feral, y toma asiento en el centro.

—Con su permiso —dijo, haciendo una reverencia con la chistera en la mano.

Mientras se sentaba, reconoció en el cuello de la cigüeña que había hablado la rueda del reloj de su pueblo… ¡Era la cigüeña de Villalcamino!

—Ya te habrá contado ese cuervo chismoso que te venimos observando desde que saliste del pueblo.

»Después de esas observaciones, hemos llegado a la conclusión de que tienes buen corazón. Y lo que vienes a decirnos tiene tanta importancia para ti, que serías capaz de andar toda la vida detrás de nosotras para explicárnoslo.

»Antes de hacerlo, deberás someterte a una serie de pruebas. Son muy sencillas, pero si no superas alguna de ellas, habrás perdido todo este tiempo.

—Estoy a sus órdenes —dijo Feral—. Cuando quiera, podemos comenzar.

—Todas las pruebas giran en torno a nosotras, las cigüeñas. La primera consiste en que nos digas un refrán que hable de nosotras.

Feral contestó, sin pensárselo dos veces:

> —*Por San Blas*
> *la cigüeña verás;*
> *y si no la vieres,*
> *año de nieves.*

—Muy bien. Vamos con la segunda prueba. Debes contarnos un cuento en el que aparezcamos las cigüeñas.

Feral meditó unos momentos y, luego de carraspear para aclararse la voz, comenzó diciendo:

—Hace muchísimos años gobernaba en la ciudad de Bagdad el califa Omar.

Este califa tenía un gran visir, llamado Muley, en quien había puesto toda su confianza.

El califa acostumbraba a salir del palacio, acompañado por su visir. Disfrazados, como ciudadanos corrientes, paseaban por las calles de la ciudad y se mezclaban con la gente para ver cómo eran tratados sus súbditos.

De esta manera, supieron que todos estaban muy contentos; pero también se enteraron de que un mago llamado Sukab hacía planes para destronarlo.

El califa dio orden de detenerlo.

Pero el pérfido mago también solía disfrazarse y cambiar de aspecto. Por eso no supieron encontrarlo y no pudieron obedecer su mandato.

Una mañana se presentó en el palacio un mercader extranjero y el califa le compró varias cosas.

—¿Qué contiene esa caja? —preguntó al mercader.

—No lo sé —dijo éste, que no era otro que el malvado Sukab—. La he encontrado en la calle. Si queréis, os la regalaré con mucho gusto.

El califa aceptó aquel regalo, y al abrir la caja se encontró con que contenía un puñado de polvo negro y un papel escrito en lengua extranjera. Curioso por conocer lo que decía aquel papel, llamó al mago Selim, gran conocedor de las lenguas extranjeras.

El mago lo tradujo así:

«Todo el que pruebe un poco de este polvo y, mirando hacia Oriente, diga tres veces la palabra *Mutábor,* se convertirá en el animal que desee. Si pronuncia otra vez las mismas palabras, mirando hacia Occidente, recobrará la forma humana. Pero ha de tener mucho cuidado de no reírse mientras tiene la forma de animal. Porque, si lo hiciera, olvidará la palabra mágica y nunca más volverá a recobrar la figura humana.»

Después de oír esto, el califa y el gran visir salieron a pasear; y comenzaron a hablar de aquella extraña caja.

En aquel momento vieron una cigüeña que pescaba en la orilla de una charca.

—Nos convertiremos en cigüeñas —dijo el califa.

Tomaron un poco del polvo que contenía la caja; se volvieron hacia Oriente y gritaron al mismo tiempo:

—Mutábor, Mutábor, Mutábor.

Al momento, se les estiró el cuello, se adelgazaron sus piernas, sus brazos se convirtieron en alas y su cuerpo se llenó de plumas.

Tuvieron que hacer grandes esfuerzos para no reír al verse convertidos en cigüeñas.

—¡¡Mucho cuidado!! —dijo el califa—. Y no te rías, porque olvidaremos la palabra mágica…

Cuando se acercaron a la charca, vieron allí a una cigüeña que estaba bailando. Sus movimientos eran tan divertidos que los dos comenzaron a reír.

Al cabo de un rato dijo el califa:

—Ya es tarde y deben de estar buscándonos. Tenemos que volver. ¿Cuál era la palabra mágica…?

—Lubátor —dijo el gran visir.

—No. ¡Era Mubótar!

—¡Hemos olvidado la palabra mágica…! —se lamentó el visir.

—¡Nunca más volveremos a recobrar la forma humana…! —suspiró el califa.

Volaban sin rumbo, llenos de tristeza, cuando encontraron a una lechuza.

Y, para consolarse, le explicaron lo que les había sucedido.

—¡Dejen de llorar! Yo tampoco he sido siempre lechuza. Cuando alguien me tome por esposa, volveré a ser la princesa que antes fui. Sé que, también vosotros, habéis sido encantados por el mago Sukab, y cómo podréis libraros del encantamiento. Os ayudaré. Pero, antes, uno de vosotros tiene que prometer que se casará conmigo, para librarme de este terrible castigo.

El califa prometió que se casaría con ella y la lechuza prosiguió:

—Esta noche el mago Sukab se reúne con sus compinches en un viejo castillo que hay cerca de aquí. Vamos a espiarlos para escuchar todo lo que hablan. Seguro que mencionan la palabra mágica.

Las dos cigüeñas y la lechuza volaron hacia el castillo.

Cuando llegaron, las sombras de la noche envolvían las ruinas.

Al poco tiempo apareció el malvado Sukab acompañado de sus secuaces.

Durante la cena, celebraron con grandes carcajadas el triunfo del mago sobre el califa.

Entonces Sukab exclamó:

—Amigos, dentro de poco la ciudad de Bagdad será nuestra.

Los secuaces se rieron mucho al conocer la historia de aquellos polvos mágicos. Algunos preguntaron:

—¿Cuál era la palabra mágica?

El mago sonrió y dijo:

—Es una palabra latina: *Mutábor.*

Al oír aquello, las dos cigüeñas y la lechuza volaron hasta los jardines de palacio.

Miraron hacia Occidente y gritaron:

—¡Mutábor! ¡Mutábor! ¡Mutábor!

Y, al punto, las dos cigüeñas se convirtieron en el Califa y el Gran Visir.

El califa repitió su promesa y, al punto, la lechuza se convirtió en una hermosísima princesa.

Sin perder ni un momento, el califa, al frente de sus hombres, galopó hacia las ruinas del viejo castillo.

El malvado Sukab y sus secuaces, al verse rodeados por sorpresa, se rindieron al califa.

Aquella noche, todos los enemigos estaban encerrados en las mazmorras de palacio.

Y, al día siguiente, se celebró la boda del Califa-Cigüeña con la Princesa-Lechuza.

—Y ésta es —terminó Feral—, la «Historia del Califa Cigüeña».

Las cigüeñas aplaudieron con alas, patas y picos.

—¡Nos ha gustado tu cuento! Vamos ahora con la tercera prueba: Debes recitarnos una poesía que trate de nosotras.

—Me gustaría poder recitaros una de Colás, el poeta de nuestro pueblo. Pero él sólo sabe hacer frases. Por eso, os recitaré una que aprendí en la escuela y es mucho mejor de lo que Colás podría imaginar. Dice así:

> *Que no me digan a mí*
> *que el canto de la cigüeña*

no es bueno para dormir.
Si la cigüeñita canta
arriba en el campanario
que no me digan a mí
que no es del cielo su canto.

—Has superado muy bien la tercera prueba y nos ha gustado mucho el poema. ¿Cómo se llama su autor?

—Se llama Rafael Alberti.

—Secretaria —dijo la cigüeña que formulaba las preguntas—, tome nota de ese nombre. En la próxima primavera construiremos un nido sobre su tejado. Y ahora vamos con la última prueba. No sé si sabrás que nuestra diversión favorita es contar adivinanzas. La prueba final consiste en que nos digas una adivinanza que se refiera a las cigüeñas.

Feral se quedó pensando largo rato.

Cuando ya las cigüeñas creían que iba a fallar, dijo:

*Desde que dejó su nido,
ya no hay primavera,
ni nada es lo mismo
en Villalcamino.*

—Esa adivinanza te la acabas de inventar.

—Es cierto; pero hasta los niños de mi pueblo podrían acertarla.

Las cigüeñas se retiraron a deliberar unos momentos.

—¡Has superado las pruebas! —gritó Teo muy contento.

—No lo sé. Me parece que esa alusión personal en la adivinanza no les ha gustado mucho.

—Creo que también ahí acumulaste puntos a tu favor.

—¡¡¡Chissst!!! ¡Calla, que aquí vuelven!

—Bueno, Feral, tengo que comunicarte que has superado satisfactoriamente todas las pruebas. Ya puedes decirnos lo que deseas.

—Primero debo darle una explicación sobre el desgraciado accidente que fue la causa de que se marchara de Villalcamino.

»Estamos muy arrepentidos. Y le aseguro que todo fue un desgraciado accidente. No hubo mala intención.

»La situación actual del pueblo es como dije en la adivinanza… Todo anda de cabeza… Las gentes miran hacia la torre que, como dice Colás, está *deshabitada*. Piensan que ya nunca tendrán buena suerte. Y, con la esperanza perdida, todo anda de capa caída…

»¡¡Por favor!! ¡Vuelva a nuestro pueblo! Instale de nuevo su nido en la torre; devuélvanos la esperanza. ¡Para que sintamos la llegada de la primavera…!

»¡¡¡Por favor se lo pido…!!!»

La cigüeña de Villalcamino cortó las súplicas de Feral.

—Está bien, Feral. Aunque sólo fuera por el gran sacrificio que has hecho al seguirnos durante tanto tiempo, estaría dispuesta a volver. Quiero que regreses para anunciar que iremos todas nosotras.

»Cada casa tendrá su nido… ¡¡Adiós, Feral. Hasta la próxima primavera!!

VILLALCAMINO DE LAS CIGÜEÑAS

Feral y Teo, muy contentos, se despidieron de las cigüeñas y emprendieron, rápidamente, el camino de regreso.

Las noches de luna llena no se detenían a descansar y caminaban cantando a grandes voces para alejar el sueño.

De esta forma, antes de lo previsto, llegaron a las proximidades de Villalcamino.

Como ya era muy entrada la noche, se quedaron a dormir en un bosquecillo que había cerca del pueblo.

Por la mañana el cuervo despertó a Feral:

—¡¡Arriba, Feral!! ¡Que ya ha amanecido Dios!

Feral se acercó al río para lavarse.

Había pasado mucho tiempo y, en la imagen reflejada en el agua, casi no reconocía al muchacho que salió detrás de las cigüeñas.

Entre los pelos de su barba había pajas doradas, hierbecillas verdes, margaritas…

Feral quitó primero las hierbas verdes, después las pajas doradas, finalmente las margaritas…

Cuando terminó de lavarse notó que el frío de la amanecida se le había pegado a los riñones.

Estuvo frotándose y dando saltos un buen rato hasta que entró en calor.

Entonces oyó a su lado una voz:

—¿Qué estás haciendo?

Feral se volvió.

Frente a él había un niño que lo miraba fijamente.

—¿Qué estás haciendo? —repitió el niño.

—Salto, ¿no lo ves?

—¿Y por qué saltas?

—Pues porque tengo ganas. ¿No saltas tú cuando tienes ganas?

—No. A veces tengo que ir a la escuela.

—¿Y qué haces que no estás allí…?

—Es… que…

—¿Qué?

—Me he escapado…

—Y lo dices así, como si no tuviera importancia… Vamos a ver, ¿por qué te has escapado?

El niño preguntó otra vez:

—¿Dónde has dormido?

—Aquí —dijo Feral—, debajo de este árbol. Pero… ¡primero contesta a mi pregunta!:

»¿Por qué te has escapado?

—Pues… por eso.

—¿Cómo que *por eso*?

—Sí; porque yo también quiero dormir bajo los árboles. Y vivir por los caminos. Y ser vagabundo. Y tener barba como tú, y un saco para llenarlo de manzanas, de flores y de mariposas.

Feral no supo qué contestarle.

—Ven aquí, hijo, siéntate a mi lado… ¿Cómo te llamas?

—Ramón.

—¡Cuéntame cómo es tu pueblo!

—Pues… pequeño y blanco.

—«Pequeño y blanco…» —repitió Feral. Su voz sonaba baja y soñadora al preguntarle—: ¿Tiene una iglesia?

—Sí —dijo Ramón—, con una torre.

—Y en la torre un reloj…

—Pero está parado. No sirve para nada…

—¡¡Qué hermoso!! ¡Un reloj parado! Cuando un reloj funciona, todos miran la hora y se llenan de inquietud si no han terminado su trabajo. En cambio, cuando el reloj no funciona, se rigen por la hora que anida en la garganta de los gallos o en los cambios de la luz del sol; en la raíz de la noche o en los colores de la aurora.

»De esta forma el tic-tac, tic-tac, tic… nunca

llega a meterse en la cabeza de la gente, ni a dominar sus pensamientos.

—¿Sabes? ¡Me gusta hablar contigo!

—¿Y eso...?

—Porque me hablas como si fuera una persona mayor.

—Es que eres una persona mayor... Dime, Ramón, ¿hay cigüeñas en la torre?

—¡No tenemos ni siquiera eso!

—No te preocupes. Yo vengo a anunciar la llegada de las cigüeñas. Volverán dentro de unos días. Con la primavera.

—Entonces...¡Tú eres Feral!

—¿Y cómo lo sabes?

—En el pueblo...Todos dicen que un tal Feral vendrá con las cigüeñas.

—Es cierto. Y vendrán muchas más cigüeñas de las que nadie pueda imaginar.

»Serán tantas que a partir de ese momento habrá que cambiar el nombre del pueblo... Tendremos que llamarlo *Villalcamino de las*

Cigüeñas… ¿No quieres estar aquí para recibirlas?

—Pues claro que sí.

—Entonces, vamos, que ya se hace tarde.

Feral, Teo y Ramón se dirigieron al pueblo.

—Oye, Feral, ¿es tuyo este cuervo?

—No es mío. Es mi amigo. ¡Me ha ayudado mucho! ¿Sabes?

—¿Por qué no le dices que se ponga en mi hombro? ¡Quiero que todos me vean entrar en el pueblo con un cuervo sobre el hombro…!

Y así fue como entraron en Villalcamino.

Ramón, de la mano de Feral y Teo sobre el hombro de Ramón.

ÍNDICE

Fiesta en Villalcamino	7
¿Qué será de Feral?	12
La enfermedad del río	17
En la escuela	23
Por San Blas, las cigüeñas verás	28
Un desgraciado accidente	35
Por el camino de las cigüeñas	47
Una sombra misteriosa	56
El espantapájaros	66
Historia del arado	73
Historia de la rueda	78
Historia del frac y la chistera	89
El espantapájaros habitado	96
Las cuatro pruebas	102
Villalcamino de las Cigüeñas	120

Fernando Alonso, natural de Burgos, es licenciado en Filología Románica, Titulado Superior de TV, Experto en Medios de Comunicación. Cuenta con una intensa trayectoria profesional en el campo editorial y en TVE, donde ocupó diversos cargos de responsabilidad. Fernando Alonso se dedica con gran entrega a la escritura y paralelamente realiza una intensa actividad de promoción de la lectura entre los jóvenes lectores.

Con *Feral y las cigüeñas* obtuvo la calificación de «Libro de interés infantil», que concede el Ministerio de Cultura. Entre sus obras destacan *El hombrecito vestido de gris* y *El hombrecillo de papel.* Fernando Alonso ha sido incluido en diversas ocasiones en la Lista de Honor del Premio Internacional Hans Christian Andersen, ha sido galardonado con el Premio Lazarillo, con el Premio Mundial de Literatura José Martí por el conjunto de su obra y ha sido nominado cinco veces consecutivas como candidato al Premio Internacional Astrid Lindgren.

Emilio Urberuaga nació en Madrid en 1954. Asiduo colaborador de prensa, en 1982 se inició como ilustrador y escritor de libros para niños. Es el creador de personajes gráficos tales como Manolito Gafotas o Hilda, la oveja gigante. Ha obtenido el Premio CCEI de Ilustración 2001, por *Oh, qué voz tiene el león*, el Premio Crítica Serra d'Or 2008, en la categoría infantil, por *Dos fils* y está incluido en la Lista The White Ravens de la Internationale Jugendbibliothek de Munich 2009, por *Discurso del oso*.

**A partir de 10 años
Títulos de la colección**

Misteriosos regalos de la noche
Joan Manuel Gisbert

Aventuras de «la mano negra»
Hans Jürgen Press

La maldición del arquero
Joan Manuel Gisbert

Las aventuras de los detectives del faro
Klaus Bliesener

El rescate
Carlos Villanes e Isabel Córdova

Sopaboba
Fernando Alonso

El poema de Peter Pan
Carmen Martín Anguita

Feral y las cigüeñas
Fernando Alonso

El río de los castores
Fernando Martínez Gil